Telefonnotiz:

I0477539

Name:

Datum:

Uhrzeit:

Telefonnummer:

Anmerkungen:

Bittet um Rückruf: **Erledigt:**

Telefonnotiz:

Name:

Datum:

Uhrzeit:

Telefonnummer:

Anmerkungen:

Bittet um Rückruf: **Erledigt:**

Telefonnotiz:

Name:

_____

Datum:

_____

Uhrzeit:

_____

Telefonnummer:

_____

Anmerkungen:

_____

_____

_____

_____

_____

_____

_____

_____

_____

_____

_____

Bittet um Rückruf: **Erledigt:**

_____

Telefonnotiz:

Name:

_____

Datum:

_____

Uhrzeit:

_____

Telefonnummer:

_____

Anmerkungen:

_____

_____

_____

_____

_____

_____

_____

_____

_____

_____

_____

Bittet um Rückruf: **Erledigt:**

_____

Telefonnotiz:

Name:

Datum:

Uhrzeit:

Telefonnummer:

Anmerkungen:

Bittet um Rückruf: **Erledigt:**

Telefonnotiz:

Name:

Datum:

Uhrzeit:

Telefonnummer:

Anmerkungen:

Bittet um Rückruf:　　　　　　**Erledigt:**

Telefonnotiz:

Name:

Datum:

Uhrzeit:

Telefonnummer:

Anmerkungen:

Bittet um Rückruf: **Erledigt:**

Telefonnotiz:

Name:

Datum:

Uhrzeit:

Telefonnummer:

Anmerkungen:

Bittet um Rückruf: **Erledigt:**

Telefonnotiz:

Name:

Datum:

Uhrzeit:

Telefonnummer:

Anmerkungen:

Bittet um Rückruf: **Erledigt:**

Telefonnotiz:

Name:

Datum:

Uhrzeit:

Telefonnummer:

Anmerkungen:

Bittet um Rückruf: **Erledigt:**

Telefonnotiz:

Name:

Datum:

Uhrzeit:

Telefonnummer:

Anmerkungen:

Bittet um Rückruf: **Erledigt:**

Telefonnotiz:

Name:

_____

Datum:

_____

Uhrzeit:

_____

Telefonnummer:

_____

Anmerkungen:

_____

_____

_____

_____

_____

_____

_____

_____

_____

_____

_____

Bittet um Rückruf: **Erledigt:**

_____

Telefonnotiz:

Name:

Datum:

Uhrzeit:

Telefonnummer:

Anmerkungen:

Bittet um Rückruf: **Erledigt:**

Telefonnotiz:

Name:

Datum:

Uhrzeit:

Telefonnummer:

Anmerkungen:

Bittet um Rückruf: **Erledigt:**

Telefonnotiz:

Name:

_____

Datum:

_____

Uhrzeit:

_____

Telefonnummer:

_____

Anmerkungen:

_____

_____

_____

_____

_____

_____

_____

_____

_____

_____

Bittet um Rückruf: **Erledigt:**

_____

Telefonnotiz:

Name:

Datum:

Uhrzeit:

Telefonnummer:

Anmerkungen:

Bittet um Rückruf: **Erledigt:**

Telefonnotiz:

Name:

Datum:

Uhrzeit:

Telefonnummer:

Anmerkungen:

Bittet um Rückruf: **Erledigt:**

Telefonnotiz:

Name:

Datum:

Uhrzeit:

Telefonnummer:

Anmerkungen:

Bittet um Rückruf: **Erledigt:**

Telefonnotiz:

Name:

Datum:

Uhrzeit:

Telefonnummer:

Anmerkungen:

Bittet um Rückruf: **Erledigt:**

Telefonnotiz:

Name:

Datum:

Uhrzeit:

Telefonnummer:

Anmerkungen:

Bittet um Rückruf: **Erledigt:**

Telefonnotiz:

Name:

Datum:

Uhrzeit:

Telefonnummer:

Anmerkungen:

Bittet um Rückruf: **Erledigt:**

Telefonnotiz:

Name:

_____

Datum:

_____

Uhrzeit:

_____

Telefonnummer:

_____

Anmerkungen:

_____

_____

_____

_____

_____

_____

_____

_____

_____

_____

Bittet um Rückruf: **Erledigt:**

_____

Telefonnotiz:

Name:

Datum:

Uhrzeit:

Telefonnummer:

Anmerkungen:

Bittet um Rückruf: **Erledigt:**

Telefonnotiz:

Name:

Datum:

Uhrzeit:

Telefonnummer:

Anmerkungen:

Bittet um Rückruf: **Erledigt:**

Telefonnotiz:

Name:

[   ]

Datum:

[   ]

Uhrzeit:

[   ]

Telefonnummer:

[   ]

Anmerkungen:

[   ]

[   ]

[   ]

[   ]

[   ]

[   ]

[   ]

[   ]

[   ]

[   ]

Bittet um Rückruf: **Erledigt:**

[   ]

Telefonnotiz:

Name:

_____

Datum:

_____

Uhrzeit:

_____

Telefonnummer:

_____

Anmerkungen:

_____

_____

_____

_____

_____

_____

_____

_____

_____

_____

_____

Bittet um Rückruf: Erledigt:

_____

Telefonnotiz:

Name:

_____

Datum:

_____

Uhrzeit:

_____

Telefonnummer:

_____

Anmerkungen:

_____

_____

_____

_____

_____

_____

_____

_____

_____

_____

_____

Bittet um Rückruf: **Erledigt:**

_____

Telefonnotiz:

Name:

_____

Datum:

_____

Uhrzeit:

_____

Telefonnummer:

_____

Anmerkungen:

_____

_____

_____

_____

_____

_____

_____

_____

_____

_____

Bittet um Rückruf:	Erledigt:

_____

Telefonnotiz:

Name:

Datum:

Uhrzeit:

Telefonnummer:

Anmerkungen:

Bittet um Rückruf: **Erledigt:**

Telefonnotiz:

Name:

Datum:

Uhrzeit:

Telefonnummer:

Anmerkungen:

Bittet um Rückruf:　　　　　**Erledigt:**

Telefonnotiz:

Name:

Datum:

Uhrzeit:

Telefonnummer:

Anmerkungen:

Bittet um Rückruf: **Erledigt:**

Telefonnotiz:

Name:

[   ]

Datum:

[   ]

Uhrzeit:

[   ]

Telefonnummer:

[   ]

Anmerkungen:

[   ]

[   ]

[   ]

[   ]

[   ]

[   ]

[   ]

[   ]

[   ]

[   ]

Bittet um Rückruf: **Erledigt:**

[   ]

Telefonnotiz:

Name:

Datum:

Uhrzeit:

Telefonnummer:

Anmerkungen:

Bittet um Rückruf: **Erledigt:**

Telefonnotiz:

Name:

Datum:

Uhrzeit:

Telefonnummer:

Anmerkungen:

Bittet um Rückruf: **Erledigt:**

Telefonnotiz:

Name:

Datum:

Uhrzeit:

Telefonnummer:

Anmerkungen:

Bittet um Rückruf: **Erledigt:**

Telefonnotiz:

Name:

Datum:

Uhrzeit:

Telefonnummer:

Anmerkungen:

Bittet um Rückruf: **Erledigt:**

Telefonnotiz:

Name:

_____

Datum:

_____

Uhrzeit:

_____

Telefonnummer:

_____

Anmerkungen:

_____

_____

_____

_____

_____

_____

_____

_____

_____

_____

_____

Bittet um Rückruf: **Erledigt:**

_____

Telefonnotiz:

Name:

Datum:

Uhrzeit:

Telefonnummer:

Anmerkungen:

Bittet um Rückruf: **Erledigt:**

Telefonnotiz:

Name:

Datum:

Uhrzeit:

Telefonnummer:

Anmerkungen:

Bittet um Rückruf: **Erledigt:**

Telefonnotiz:

Name:

Datum:

Uhrzeit:

Telefonnummer:

Anmerkungen:

Bittet um Rückruf: **Erledigt:**

Telefonnotiz:

Name:

Datum:

Uhrzeit:

Telefonnummer:

Anmerkungen:

Bittet um Rückruf:　　　　**Erledigt:**

Telefonnotiz:

Name:

_____

Datum:

_____

Uhrzeit:

_____

Telefonnummer:

_____

Anmerkungen:

_____

_____

_____

_____

_____

_____

_____

_____

_____

_____

_____

Bittet um Rückruf: **Erledigt:**

_____

Telefonnotiz:

Name:

Datum:

Uhrzeit:

Telefonnummer:

Anmerkungen:

Bittet um Rückruf: **Erledigt:**

Telefonnotiz:

Name:

Datum:

Uhrzeit:

Telefonnummer:

Anmerkungen:

Bittet um Rückruf: Erledigt:

Telefonnotiz:

Name:

Datum:

Uhrzeit:

Telefonnummer:

Anmerkungen:

Bittet um Rückruf: **Erledigt:**

Telefonnotiz:

Name:

Datum:

Uhrzeit:

Telefonnummer:

Anmerkungen:

Bittet um Rückruf: **Erledigt:**

Telefonnotiz:

Name:

Datum:

Uhrzeit:

Telefonnummer:

Anmerkungen:

Bittet um Rückruf: **Erledigt:**

Telefonnotiz:

Name:

Datum:

Uhrzeit:

Telefonnummer:

Anmerkungen:

Bittet um Rückruf: **Erledigt:**

Telefonnotiz:

Name:

Datum:

Uhrzeit:

Telefonnummer:

Anmerkungen:

Bittet um Rückruf: **Erledigt:**

Telefonnotiz:

Name:

Datum:

Uhrzeit:

Telefonnummer:

Anmerkungen:

Bittet um Rückruf: **Erledigt:**

Telefonnotiz:

Name:

Datum:

Uhrzeit:

Telefonnummer:

Anmerkungen:

Bittet um Rückruf: **Erledigt:**

Telefonnotiz:

Name:

Datum:

Uhrzeit:

Telefonnummer:

Anmerkungen:

Bittet um Rückruf: **Erledigt:**

Telefonnotiz:

Name:

Datum:

Uhrzeit:

Telefonnummer:

Anmerkungen:

Bittet um Rückruf: **Erledigt:**

Telefonnotiz:

Name:

Datum:

Uhrzeit:

Telefonnummer:

Anmerkungen:

Bittet um Rückruf: **Erledigt:**

Telefonnotiz:

Name:

Datum:

Uhrzeit:

Telefonnummer:

Anmerkungen:

Bittet um Rückruf: Erledigt:

Telefonnotiz:

Name:

_____

Datum:

_____

Uhrzeit:

_____

Telefonnummer:

_____

Anmerkungen:

_____

_____

_____

_____

_____

_____

_____

_____

_____

_____

_____

Bittet um Rückruf: **Erledigt:**

_____

Telefonnotiz:

Name:

Datum:

Uhrzeit:

Telefonnummer:

Anmerkungen:

Bittet um Rückruf: **Erledigt:**

Telefonnotiz:

Name:

Datum:

Uhrzeit:

Telefonnummer:

Anmerkungen:

Bittet um Rückruf: **Erledigt:**

Telefonnotiz:

Name:

Datum:

Uhrzeit:

Telefonnummer:

Anmerkungen:

Bittet um Rückruf: **Erledigt:**

Telefonnotiz:

Name:

Datum:

Uhrzeit:

Telefonnummer:

Anmerkungen:

Bittet um Rückruf: **Erledigt:**

Telefonnotiz:

Name:

Datum:

Uhrzeit:

Telefonnummer:

Anmerkungen:

Bittet um Rückruf: Erledigt:

Telefonnotiz:

Name:

Datum:

Uhrzeit:

Telefonnummer:

Anmerkungen:

Bittet um Rückruf: **Erledigt:**

Telefonnotiz:

Name:

Datum:

Uhrzeit:

Telefonnummer:

Anmerkungen:

Bittet um Rückruf: **Erledigt:**

Telefonnotiz:

Name:

Datum:

Uhrzeit:

Telefonnummer:

Anmerkungen:

Bittet um Rückruf: **Erledigt:**

Telefonnotiz:

Name:

Datum:

Uhrzeit:

Telefonnummer:

Anmerkungen:

Bittet um Rückruf: **Erledigt:**

Telefonnotiz:

Name:

Datum:

Uhrzeit:

Telefonnummer:

Anmerkungen:

Bittet um Rückruf: **Erledigt:**

Telefonnotiz:

Name:

Datum:

Uhrzeit:

Telefonnummer:

Anmerkungen:

Bittet um Rückruf: **Erledigt:**

Telefonnotiz:

Name:

_____

Datum:

_____

Uhrzeit:

_____

Telefonnummer:

_____

Anmerkungen:

_____

_____

_____

_____

_____

_____

_____

_____

_____

_____

_____

Bittet um Rückruf: **Erledigt:**

_____

Telefonnotiz:

Name:

Datum:

Uhrzeit:

Telefonnummer:

Anmerkungen:

Bittet um Rückruf: **Erledigt:**

Telefonnotiz:

Name:

Datum:

Uhrzeit:

Telefonnummer:

Anmerkungen:

Bittet um Rückruf:　　　　**Erledigt:**

Telefonnotiz:

Name:

Datum:

Uhrzeit:

Telefonnummer:

Anmerkungen:

Bittet um Rückruf: **Erledigt:**

Telefonnotiz:

Name:

Datum:

Uhrzeit:

Telefonnummer:

Anmerkungen:

Bittet um Rückruf: **Erledigt:**

Telefonnotiz:

Name:

Datum:

Uhrzeit:

Telefonnummer:

Anmerkungen:

Bittet um Rückruf: **Erledigt:**

Telefonnotiz:

Name:

Datum:

Uhrzeit:

Telefonnummer:

Anmerkungen:

Bittet um Rückruf: **Erledigt:**

Telefonnotiz:

Name:

Datum:

Uhrzeit:

Telefonnummer:

Anmerkungen:

Bittet um Rückruf: **Erledigt:**

Telefonnotiz:

Name:

Datum:

Uhrzeit:

Telefonnummer:

Anmerkungen:

Bittet um Rückruf: **Erledigt:**

Telefonnotiz:

Name:

Datum:

Uhrzeit:

Telefonnummer:

Anmerkungen:

Bittet um Rückruf: **Erledigt:**

Telefonnotiz:

Name:

Datum:

Uhrzeit:

Telefonnummer:

Anmerkungen:

Bittet um Rückruf: **Erledigt:**

Telefonnotiz:

Name:

Datum:

Uhrzeit:

Telefonnummer:

Anmerkungen:

Bittet um Rückruf: Erledigt:

Telefonnotiz:

Name:

Datum:

Uhrzeit:

Telefonnummer:

Anmerkungen:

Bittet um Rückruf: **Erledigt:**

Telefonnotiz:

Name:

Datum:

Uhrzeit:

Telefonnummer:

Anmerkungen:

Bittet um Rückruf: **Erledigt:**

Telefonnotiz:

Name:

Datum:

Uhrzeit:

Telefonnummer:

Anmerkungen:

Bittet um Rückruf: **Erledigt:**

Telefonnotiz:

Name:

Datum:

Uhrzeit:

Telefonnummer:

Anmerkungen:

Bittet um Rückruf: **Erledigt:**

Telefonnotiz:

Name:

Datum:

Uhrzeit:

Telefonnummer:

Anmerkungen:

Bittet um Rückruf: **Erledigt:**

Telefonnotiz:

Name:

Datum:

Uhrzeit:

Telefonnummer:

Anmerkungen:

Bittet um Rückruf: **Erledigt:**

Telefonnotiz:

Name:

Datum:

Uhrzeit:

Telefonnummer:

Anmerkungen:

Bittet um Rückruf: **Erledigt:**

Telefonnotiz:

Name:

Datum:

Uhrzeit:

Telefonnummer:

Anmerkungen:

Bittet um Rückruf: **Erledigt:**

Telefonnotiz:

Name:

Datum:

Uhrzeit:

Telefonnummer:

Anmerkungen:

Bittet um Rückruf: **Erledigt:**

Telefonnotiz:

Name:

_____

Datum:

_____

Uhrzeit:

_____

Telefonnummer:

_____

Anmerkungen:

_____

_____

_____

_____

_____

_____

_____

_____

_____

_____

_____

Bittet um Rückruf: **Erledigt:**

_____

Telefonnotiz:

Name:

Datum:

Uhrzeit:

Telefonnummer:

Anmerkungen:

Bittet um Rückruf: **Erledigt:**

Telefonnotiz:

Name:

Datum:

Uhrzeit:

Telefonnummer:

Anmerkungen:

Bittet um Rückruf: Erledigt:

Telefonnotiz:

Name:

Datum:

Uhrzeit:

Telefonnummer:

Anmerkungen:

Bittet um Rückruf: **Erledigt:**

Telefonnotiz:

Name:

_____

Datum:

_____

Uhrzeit:

_____

Telefonnummer:

_____

Anmerkungen:

_____

_____

_____

_____

_____

_____

_____

_____

_____

_____

_____

Bittet um Rückruf: **Erledigt:**

_____

Telefonnotiz:

Name:

Datum:

Uhrzeit:

Telefonnummer:

Anmerkungen:

Bittet um Rückruf: **Erledigt:**

Telefonnotiz:

Name:

Datum:

Uhrzeit:

Telefonnummer:

Anmerkungen:

Bittet um Rückruf: **Erledigt:**

Telefonnotiz:

Name:

Datum:

Uhrzeit:

Telefonnummer:

Anmerkungen:

Bittet um Rückruf: **Erledigt:**

Telefonnotiz:

Name:

_____

Datum:

_____

Uhrzeit:

_____

Telefonnummer:

_____

Anmerkungen:

_____

_____

_____

_____

_____

_____

_____

_____

_____

_____

_____

Bittet um Rückruf: Erledigt:

_____

Telefonnotiz:

Name:

Datum:

Uhrzeit:

Telefonnummer:

Anmerkungen:

Bittet um Rückruf: Erledigt:

Telefonnotiz:

Name:

Datum:

Uhrzeit:

Telefonnummer:

Anmerkungen:

Bittet um Rückruf: **Erledigt:**

Telefonnotiz:

Name:

Datum:

Uhrzeit:

Telefonnummer:

Anmerkungen:

Bittet um Rückruf: **Erledigt:**

Telefonnotiz:

Name:

Datum:

Uhrzeit:

Telefonnummer:

Anmerkungen:

Bittet um Rückruf: **Erledigt:**

Telefonnotiz:

Name:

Datum:

Uhrzeit:

Telefonnummer:

Anmerkungen:

Bittet um Rückruf: **Erledigt:**

Telefonnotiz:

Name:

Datum:

Uhrzeit:

Telefonnummer:

Anmerkungen:

Bittet um Rückruf: **Erledigt:**

Telefonnotiz:

Name:

_____

Datum:

_____

Uhrzeit:

_____

Telefonnummer:

_____

Anmerkungen:

_____

_____

_____

_____

_____

_____

_____

_____

_____

_____

_____

Bittet um Rückruf: **Erledigt:**

_____

Telefonnotiz:

Name:

Datum:

Uhrzeit:

Telefonnummer:

Anmerkungen:

Bittet um Rückruf: **Erledigt:**

Telefonnotiz:

Name:

Datum:

Uhrzeit:

Telefonnummer:

Anmerkungen:

Bittet um Rückruf: **Erledigt:**

Telefonnotiz:

Name:

_____

Datum:

_____

Uhrzeit:

_____

Telefonnummer:

_____

Anmerkungen:

_____

_____

_____

_____

_____

_____

_____

_____

_____

_____

_____

Bittet um Rückruf: **Erledigt:**

_____

Telefonnotiz:

Name:

Datum:

Uhrzeit:

Telefonnummer:

Anmerkungen:

Bittet um Rückruf: **Erledigt:**

Telefonnotiz:

Name:

Datum:

Uhrzeit:

Telefonnummer:

Anmerkungen:

Bittet um Rückruf: **Erledigt:**

Telefonnotiz:

Name:

Datum:

Uhrzeit:

Telefonnummer:

Anmerkungen:

Bittet um Rückruf: **Erledigt:**

Telefonnotiz:

Name:

Datum:

Uhrzeit:

Telefonnummer:

Anmerkungen:

Bittet um Rückruf: **Erledigt:**

Telefonnotiz:

Name:

_____

Datum:

_____

Uhrzeit:

_____

Telefonnummer:

_____

Anmerkungen:

_____

_____

_____

_____

_____

_____

_____

_____

_____

_____

_____

Bittet um Rückruf: **Erledigt:**

_____

Telefonnotiz:

Name:

Datum:

Uhrzeit:

Telefonnummer:

Anmerkungen:

Bittet um Rückruf: **Erledigt:**

Telefonnotiz:

Name:

Datum:

Uhrzeit:

Telefonnummer:

Anmerkungen:

Bittet um Rückruf: **Erledigt:**

Telefonnotiz:

Name:

Datum:

Uhrzeit:

Telefonnummer:

Anmerkungen:

Bittet um Rückruf: **Erledigt:**

Telefonnotiz:

Name:

Datum:

Uhrzeit:

Telefonnummer:

Anmerkungen:

Bittet um Rückruf: **Erledigt:**

Telefonnotiz:

Name:

_____

Datum:

_____

Uhrzeit:

_____

Telefonnummer:

_____

Anmerkungen:

_____

_____

_____

_____

_____

_____

_____

_____

_____

_____

_____

Bittet um Rückruf: **Erledigt:**

_____

Telefonnotiz:

Name:

Datum:

Uhrzeit:

Telefonnummer:

Anmerkungen:

Bittet um Rückruf: **Erledigt:**

Telefonnotiz:

Name:

Datum:

Uhrzeit:

Telefonnummer:

Anmerkungen:

Bittet um Rückruf: **Erledigt:**

Telefonnotiz:

Name:

Datum:

Uhrzeit:

Telefonnummer:

Anmerkungen:

Bittet um Rückruf: **Erledigt:**